PETIT TRAITE DE RÉUSSITE à l'usage des étudiants en droit

Belkacem Arezki Issaouni

TOME I

Prolégomènes

Mentions légales

Petit traité de réussite en droit à l'usage des étudiants
Auteur : Belkacem Arezki
Éditeur : LE BUREAU - ANIMA SERENI
ISBN : 9789403759500
Dépôt légal : 13 septembre 2024

A propos de l'auteur

L'auteur est né le 15 décembre 1991 à Saint-Denis et un juriste diplômé d'un Master 2 de droit des affaires approfondi, d'une petite faculté de banlieue parisienne, Paris XIII situé à Villetaneuse, commune de Seine-Saint-Denis (93).

Il reprend ses études suite à un long arrêt après l'obtention d'un bac littéraire en 2009. Son appétence pour les lettres, la lecture et sa curiosité le conduisent naturellement vers les études de droit. Par suite, il fera ses premières expériences au sein de divers cabinets d'avocat et entreprises tournés vers le droit des affaires, la rédaction juridique, ou encore le monde de l'assurance.

Formé par ce qu'il considère à titre très personnel comme le chou-gras de l'enseignement supérieur français en la matière, sa reconnaissance pour le corps enseignant (enseignant-chercheur et chargés de TD) et l'institution universitaire l'ont tourné vers l'enseignement, gratuitement lors de la crise COVID-19. C'est ainsi que plus d'une centaine de cours de droit en distanciel comme en présentiel ont pu être dispensés à tous les étudiants désireux d'être aidés dans leur cursus.

Par suite, il fondera la petite « prépa » LE BUREAU par laquelle il dispense depuis 2021 des cours de droit à tous les étudiants francophones. A ce jour, c'est plus de 350 cours qui ont été dispensés, et plus d'une centaine d'étudiants et étudiantes différents, une dizaine de visio-conférence méthodologiques ou portant sur le cursus universitaire.

En 2024, il fonde la maison d'édition ANIMA SERENI (âme pure).

Les motivations principales ont toujours été les mêmes : redéfinir avec humilité la pédagogie par trop froide des universités, replacer l'humain, l'humour, la bienveillance et la rigueur durant la transmission de connaissances juridiques, et démystifier la complexité parfois trop exagérée du droit.

Cette recette s'est visiblement avérée payante (et savoureuse) puisque les nombreux retours positifs des étudiants ne manquent pas. C'est donc afin de remercier la fidélité, la confiance et le travail de ces derniers que ce modeste essai sera mis à disposition afin de vous accompagner, vous redonner la force qu'il peut parfois vous manquer, et certainement être symboliquement témoin de votre réussite à venir !

B.A.I

Prolégomènes - Sur l'escroquerie du syndrome de l'imposteur

L'une des phrases que j'ai le plus détesté entendre au cours de ma modeste aventure dans l'enseignement et le tutorat d'étudiants eut été : « *je me sens trop nul(le). J'ai l'impression d'être une fraude.* » Autre variante également : « *j'ai le syndrome de l'imposteur* ».

Ces phrases, ces dictatures de la pensée telle que je les appelle, sont des prisons mentales, des virus qui s'infèrent dans le cerveau et l'empêchent d'être librement fonctionnel. Il est normal qu'en deuxième, troisième année de licence voire en master 1, l'étudiant se sente dépassé par le flux constant et important d'informations juridiques, de technicité méthodologique et de complexité du vocabulaire propre au droit. Et il n'y a absolument aucune honte à cela, ni sentiment d'imposture à ressentir !

Selon moi, ces phrases-slogans sont insupportables à deux égards :

- D'abord parce qu'elles sont souvent issues de réseaux sociaux qui proposent du contenu de décérébrés qui, à forte consommation, rendent l'utilisateur complètement idiot et réduisent drastiquement ses facultés de concentration et son temps d'attention[1] (oui, je suis un vieil aigri, et je l'assume pleinement lorsqu'il s'agit de préserver son cerveau de tout parasitisme extérieur).

- Ensuite, parce que ces slogans destructeurs sont amenés à revenir régulièrement dans votre fil d'actualité (*feed*), plusieurs fois par jour, par semaine, par mois (!!). Soit par la reproduction de contenu similaire

1 Lire en ce sens : Patino, Bruno – La société du poisson rouge

d'autres comptes, soit par des utilisateurs qui « témoignent » de leurs petits cas socio-professionnels en se considérant comme victimes du « syndrome de l'imposteur ». Or vous n'ignorez certainement pas que si vous répétez de façon continue et intempestive les mêmes compliments ou invectives à une personne, elle finira par y croire[2].

Mais prenons la définition même de ce fameux syndrome. Selon la Canadian Medical Association[3] (AMC) : « *Le syndrome de l'imposteur est une tendance psychologique à la peur et à la remise en question. Il fait douter la personne atteinte de ses propres réussites et l'accable d'une peur persistante et internalisée d'être présentée comme un escroc, et ce, malgré ses capacités démontrées* ». En 2023, la presse française – et notamment un article du Monde[4] - s'emparait du sujet prenant ainsi l'exemple de plusieurs cas de cadres supérieurs ou d'étudiants décrits comme « brillants » mais qui **s'étaient convaincus** de ne pas être à leur place, pire encore : de ne pas la mériter. Que l'on soit bien clairs : il faut admettre que dans tout domaine d'études, tout emploi, toute structure d'apprentissage ou professionnel, il y a des incompétents, d'illustres imposteurs qui n'ont vraisemblablement pas leur place. Affirmer le contraire serait faire preuve de mauvaise foi sinon d'hypocrisie. Mais si vous interrogez les concernés, tous assumeront avec détachement qu'ils s'en moquent puisque pour eux, pour l'instant, tout va bien. C'est à mon avis, ce qui

---

2 Dechêne, Alice, Christoph Stahl, Joachim Hansen & Michaela Wänke (2010). The truth about the truth: A meta-analytic review of the truth effect. Personality and Social Psychology Review 14(2): 238-257. (Méta-analyse)

3 https://www.cma.ca/fr/carrefour-bien-etre-medecins/contenu/leadership-action-domaine-sante-surmonter-syndrome-limposteur

4 https://www.lemonde.fr/campus/article/2023/10/25/ces-jeunes-cadres-atteints-du-syndrome-de-l-imposteur-on-passe-au-mieux-pour-une-fausse-modeste-au-pire-pour-une-personne-insupportable_6196303_4401467.html

les distingue clairement de ceux qui injustement, sont leur plus mauvais juges, et s'assimilent à eux.

En effet, pensez-vous aujourd'hui en tant qu'étudiants et demain comme professionnels fraîchement sortis de l'université que vous serez irréprochables ? Pleinement compétents et prêts à briguer des postes à hautes responsabilités ? Je ne le crois pas et ceci pour une raison évidente : la vie est une mer agitée sur laquelle vous naviguez à vue et dont vous apprenez avec peine à dompter le flux. A jamais, l'être humain est un éternel apprenti. Vous apprendrez chaque jour une chose nouvelle dont vous ignoriez l'existence la veille. Partant de ce postulat, comment peut-on sérieusement penser qu'un jour viendra où l'on ne doutera plus de soi ?

Ce qui vous distingue clairement d'un véritable imposteur c'est votre sentiment de culpabilité, de doute qui vous pousse à la remise en question perpétuelle et donc au progrès et à l'amélioration. Celui ou celle d'entre nous qui ne se remet pas en question est un imposteur pour lui-même et les siens. Il se lève en se mentant face à son miroir, puis ment au monde en se faisant passer pour ce qu'il n'est pas. Par conséquent, se remettre en question c'est remettre en cause le postulat de départ selon lequel vous aviez à l'origine, le sentiment d'être apte à prétendre à tel cursus universitaire, ou tel emploi pour lequel vous avez postulé. J'invite donc chacun d'entre vous à conserver à l'esprit ces quelques éléments propres à l'être humain, sa fragilité. Personne n'est parfait, mais chaque jour nous essayons de faire mieux que la veille. Et c'est tout ce qui doit compter.

INTRODUCTION

Pourquoi écrire ce livre ? Pendant des années je me suis demandé si une personne qui avait réussi dans ses études avaient su donner des conseils sincères et honnêtes quant au parcours universitaire propre aux études de droit ; et à ma connaissance, je n'ai jamais eu la réponse. Alors, peut-être que de façon tout à fait prétentieuse, j'ai fini par me dire « mais pourquoi pas moi ? ». Cette question, pour être tout à fait transparent, ne m'a traversé l'esprit qu'un demi-après midi, alors que je préparais l'examen du barreau – CRFPA. Etait-ce le bon moment ? Certainement pas, eu égard à la masse d'informations et de cours sous lesquels je croulais, mais peu importe.

Comme je le dis régulièrement à ma mère, si je souhaite devenir avocat, c'est moins pour défendre mes futurs hypothétiques clients que pour transmettre de la connaissance. J'aime cette idée selon laquelle une personne dispose d'une ressource en constante expansion puisque nous n'avons jamais fini d'apprendre et qui la partage avec le plus grand nombre sans jamais s'appauvrir. C'est là, toute la magie de la connaissance, du savoir. Vous êtes riches d'une denrée que vous pouvez partager sans jamais voir la quantité dont vous disposez s'amoindrir.

De la même manière, ce petit traité de réussite en droit à l'usage des étudiants vise modestement à transmettre à tous ceux qui seront concernés à apprendre, revoir, ou se remémorer les fondamentaux attendus lors des études de droit. Je lisais il y a quelques mois un ouvrage religieux d'un Savant musulman fort connu dans le monde islamique, Sheikh Imran Hosein qui disait, en avant-propos de son ouvrage « Jérusalem dans le Coran » que ses propos n'engageaient que lui mais qu'ils avaient le mérite de pouvoir être partagés avec les esprits curieux. Toutefois, et avec la modestie que tous lui connaissent, il mettait au défi ses opposants intellectuels de venir lui apporter la contradiction ; contradiction avec laquelle il serait ravi de débattre. C'est mon cas. Si mon ouvrage sera certainement lu par une poignée d'étudiants curieux ou intéressés, j'espère qu'il le sera tout autant par des savants de la science juridique : enseignant-chercheurs, avocats, magistrats, greffiers, notaires, bref tous ces gens du milieu comme on aime à le dire.

Penser alors à la structure de ce traité a nécessité de ma part de partir d'un point de départ évident : celui du syndrome de l'imposteur dont beaucoup d'étudiants pensent souffrir, alors qu'il n'en est rien ; ce que je balaye d'un revers de main tant cette escroquerie devrait être inexistante dans le monde estudiantin. Nous sommes tous des éternels apprentis, et ce jusqu'à notre dernier souffle. Aussi comment peut-on soi-même se qualifier d'imposteur alors même qu'on accepte dès le départ d'apprendre sans honte de ne pas connaître, chaque jour passant ?

De même, il fallait également dès le premier chapitre expliquer pourquoi notre rapport aux études peut permettre d'anticiper clairement notre réussite avec une marge d'erreur quasi-infime. J'en veux pour preuve ce que j'ai appelé le « sygne »noir en dédicace à peine dissimulée à Nicholas Taleb, dans son ouvrage le Cygne Noir que je recommande à chacun de mes lecteurs.

Le second chapitre vise à désacraliser la violence de la note et la symbolique qui en découle. Plutôt que de subir celle-ci, mieux vaut la comprendre, aller au-delà et s'intéresser à ce qu'il est possible de faire pour se situer vis à vis d'elle et la dépasser.

Dans un troisième chapitre que j'ai appelé « Groupe, travail, aimer » il m'a paru essentiel de diriger l'étudiant vers la sociabilisation, l'idée qu'on ne s'enterre pas seul et que de manière générale, un examen de conscience quant à son profil d'étudiant devait d'abord être fait pour pouvoir travailler au mieux et réussir ses études.

Le quatrième chapitre traitera finalement de l'émotion, de la gestion du stress et de sa propre perception face aux difficultés qui peuvent se dresser face à l'étudiant. Là encore, l'idée n'est pas de sous-estimer les exigences hautes et élitistes de la faculté de droit mais plutôt de ne pas la laisser paralyser l'étudiant.

Enfin, le cinquième et dernier chapitre quant à lui, reste mon préféré. Je n'en dirai rien, je souhaite laisser à chacun le luxe de le découvrir afin que vous puissiez vous projeter à votre guise durant votre cursus mais également après.

CONSEILS DE LECTURE

#1 - Vous êtes libres de lire ce modeste ouvrage dans l'ordre qui vous sied, en commençant par le chapitre qui vous concerne et intéresse le plus. J'ai pensé la structure comme un « centre commercial » dans lequel on a plusieurs achats importants à faire. Toutefois, il est préférable de le lire dans l'ordre car l'ensemble forme un tout homogène qui n'a qu'un seul objectif : vous aider.

#2 – L'emploi du « vous » doit être compris comme une discussion entre vous à titre personnel et vous-même. Considérez cette lecture comme un échange privé avec votre côté le plus sage et confiant de votre personnalité.

#3 – Conseillez ce livre à votre entourage estudiantin si il vous a aidé.

#4 – Dites moi ce que vous en avez pensé sur @lebureauprepa (instagram) et @Lebureaupro (X), @BelkacemIssa (X).

CHAPITRE I – LA TYRANNIE DE LA NOTE

1 – Du « Sygne » noir

Avoir une mauvaise note, c'est toujours décourageant, déconcertant, démotivant. Surtout quand on a travaillé en amont, et qu'on était sûr d'avoir réussi son examen. Et pourtant, peut-être devriez-vous y voir un signe positif. Que l'on s'entende bien, en général, lorsque la phrase part comme cela, une ânerie « bien-pensante » risque de suivre. C'est assez mal me connaître et j'ose espérer que vous avez un peu plus d'estime pour ma petite personne…

Lorsque je parle de « signe positif », je fais référence à un ouvrage particulièrement intéressant de l'ancien trader et désormais philosophe Nassim Nicholas Taleb « *le cygne noir* ». Dans ce livre, Taleb tente d'expliquer que les évènements qui viennent bouleverser l'équilibre du monde de façon inattendue sont en réalité, faciles d'anticipation. Selon l'auteur, l'Histoire apprend aux hommes – *toujours avec du recul* – à étudier les signes avant-coureurs d'un choc à venir, ces mêmes signes qui si ils avaient été appréciés à leur juste valeur auraient permis d'éviter la catastrophe. On pense par exemple au Krach boursier de la bourse américaine suite à la crise des subprimes, par exemple. Si vous transposiez cette logique du cygne noir aux notes que vous obtenez aux examens, il en résulterait au moins trois scénarios probables que je vais tâcher d'exposer sous forme de tableau, dont la lecture se fait de gauche à droite :

Signes avant-coureurs	Attitude à l'égard des signes	Résultats
Bonne préparation à l'examen Méthode et organisation des révisions optimales Bonne compréhension du cours Présence en cours	**Confiance**	**Réussite (Au-delà de la moyenne)**
Préparation correcte Méthode et organisation des révisions correctes Compréhension généraliste du cours Présence aux TD uniquement	**Anxiété – confiance faible**	**Réussite en demi-teinte (moyenne ou légèrement plus) ou échec.**
Préparation insuffisante Révision et organisation laborieuses Bonne compréhension du cours Présence aux TD uniquement	**Anxiété – sentiment prématuré d'échec**	**Échec**

A considérer que la colonne des signes avant-coureurs sont la qualité de votre préparation et la manière dont vous anticipez vos examens, votre attitude à l'égard de ceux-ci qui n'est autre que votre capacité à vivre dans le réel, et les résultats qui sont la récompense, positive ou négative. Il faut bien garder en tête que l'on ne peut pas baser sa scolarité entière sur des miracles et des coups de poker. Bien évidemment, il est possible que vous soyez tenté de vous dire qu'à telle matière, lors de tel partiel que vous n'aviez révisé que la veille pour le lendemain, vous avez réussi à vous en sortir avec 10/20. Et après ? Êtes vous convaincu que cette stratégie aurait été payante pour toutes les matières, pour tout un semestre ? Je vous laisse répondre à cette question en toute honnêteté avec vous-même. Toujours est-il que la prise de conscience ne vient qu'après la catastrophe, tardive, dans les décombres. C'est quand on réfléchit quelques minutes sur la moyenne générale du semestre, et que l'on analyse dans le détail les notes obtenues que l'on sait dans quelle ligne du tableau l'on se trouvait tout au long de l'année. C'est une prise de conscience rétroactive.

2 – La dictature intellectuelle des nombres

La notation est à mon avis, un système profondément injuste, mensonger et dictatorial. Les plus addict aux réseaux me répondront : « *tout ça chef* » ? Oui, tout ça. En effet, à titre personnel, je considère que mettre une note qu'elle soit bonne ou mauvaise, à un étudiant qui a sérieusement travaillé, mis du temps, de la patience dans son devoir est une insulte à l'intelligence humaine.

Pour autant, c'est comme cela que fonctionne le système universitaire (et scolaire de façon générale) : vous rendez un devoir, un examen pour qu'une note vous soit attribuée. Je n'y changerai rien, et vous non plus. Mais là où ce système est pernicieux est qu'il tend à créer des inégalités profondes et des schismes puissants entre ceux qui sont bons élèves et ceux qui sont « moins » bons élèves. (Vous remarquerez que je ne qualifie aucun étudiant de « mauvais » car il ne m'appartient pas de considérer qu'un être humain est bon ou mauvais pour étudier. L'étude quel que soit le domaine sur lequel elle porte ne saurait être mauvaise (*sauf si vous vous adonnez à l'étude du monde occulte à des fins destructrices, mais ceci n'est pas le sujet*). Et celui qui essaie de la pratiquer ne saurait être vilipendé, au contraire. Lorsque je parle de schisme, je parle d'une scission nette entre les étudiants d'une même promotion qui seraient promis à la réussite professionnelle future en raison de leurs bons résultats, et ceux qui seraient condamnés à l'échec à cause des mauvaises notes. Cette coupure provoque également des concurrences négatives telles qu'elles peuvent aussi ressortir à la faculté de médecine. Dans une étude sociologique produite par l'OECD[5] « *Comment les notes et l'enseignement façonnent les ambitions des étudiants* », il ressortait que :

« *Les étudiants ont tendance à réaliser que dans tous les pays et tous les secteurs (économiques), achever un cursus universitaire est un facteur déterminant de la réussite (professionnelle) (...) et modèlent leurs attentes à ce niveau. Toutefois, les étudiants ignorent leurs véritables compétences et leur niveau de performance . Bien qu'ils sachent quels problèmes théoriques ils peuvent résoudre et savent combien d'efforts il leur faudra investir pour apprendre une nouvelle matière (…) ils semblent incapables de se comparer eux-mêmes vis à vis des autres et déduire leur probabilité de réussir à l'université. Est-ce qu'ils le font ? Les élèves utilisent-ils leurs notes pour se faire une opinion sur leur avenir ?* »

3. Comment dépasser la peur des notes ?

Vous voyez ici se dégager les idées de « concurrence » entre étudiants et de césure entre ceux qui pensent pouvoir poursuivre et terminer leur cursus universitaire juridique et ceux qui n'y croient plus, et ignorent même si ils pourront faire face aux attentes du monde professionnel. Ces deux éléments tendent à créer un climat délétère responsable au moins en partie du grand échec brutal de nombreux étudiants. Couplez ceci avec un manque de confiance en soi au regard de ses propres compétences intellectuelles et vous obtenez assurément

5 OECD (2012), "What Is the Relationship between Marks and Educational Expectations?", in Grade
Expectations: How Marks and Education Policies Shape Students' Ambitions, OECD Publishing, Paris.

un cocktail explosif qui vous explose au visage et vous condamne définitivement à l'échec. L'idée est donc de se défaire de la tyrannie de la note, de recouvrer votre liberté et vous situer clairement par rapport à vos facilités et vos lacunes. A moins de travailler d'arrache-pied sur absolument toutes les matières de droit que vous aurez à appréhender, il vous sera tout à fait impossible de décrocher des 18/20 dans toutes les matières. Et quand bien-même cela serait le cas, je vous parie tout mon Livret A (*c'est à dire 10,00 € actuellement*) qu'au minimum deux matières auront été négligées et que les notes de celles-ci seront plus proches d'un 10/20 que d'un 16 ou 18/20 – *mark my words* comme disent les américains. Ce que vous devez retenir de tout cela sont ces deux modestes conseils qui, je l'espère, entreront dans votre cerveau et trouveront sens :

- *Primo,* vous n'avez pas à vous comparer à qui que ce soit. Cela n'aurait aucun intérêt pratique sur le court ou le long terme. Vous avez peut-être un emploi, des difficultés en droit des contrats mais des facilités en droit administratif. A l'inverse, la personne à laquelle vous vous comparez peut avoir un cadre de travail très agréable, pas la nécessité d'avoir un emploi, et avoir de grandes difficultés en droit administratif. Si vous vouliez vraiment vous comparer, il faudrait trouver votre semblable en tout point : familial, personnel, psychologique, organisationnel, caractériel etc. Bon courage ! Ainsi, je vous recommande vivement de placer la focale de l'objectif sur vous et vous même, uniquement. Chacun est différent.

Pour la petite anecdote, je n'ai jamais été très bon dans ce que j'appelle le *money-time*[6] - c'est à dire ce moment où vous avez deux jours pour boucler un cours de droit de 100 pages qui est une mineure,

6 En basket-ball ou en handball, le money time est la période pendant laquelle la possession du ballon devient cruciale et où les joueurs vedettes sont censés faire des prouesses.

et un autre de 150 qui est une majeure. Je me souviens que j'avais pour habitude de travailler avec une camarade de classe devenue amie mais surtout avocate (*Maître Nelly Martin, si tu me lis*). Nous devions réviser pour un oral de droit fiscal en Master 1. Il s'avère que, détestant cette matière depuis la L2, je m'y étais pris 2 semaines à l'avance pour pouvoir être serein le jour de l'oral qui devait avoir lieu dans 48 heures. Ma camarade elle, avait décidé de travailler dix heures durant, pendant ces deux derniers jours. Résultat : j'ai obtenu un très médiocre 8/20 tandis qu'elle, un très honorable 16/20. Je me souviens m'être demandé ce qui avait cloché. Mais la réponse est très simple : nous ne sommes pas identiques. Elle a une mémoire visuelle très développée : une lecture, une visualisation de la feuille de cours, une prise de note rapide lui suffisaient. J'ai une *mémoire tampon* de travail plus importante en ce que je retiens définitivement ce que j'ai travaillé, synthétisé après l'avoir lu et vulgarisé en quelques secondes. La comparaison est clairement superfétatoire et même, elle vous conduira à jalouser autrui, si vous n'y faites pas attention. Ce que je veux que vous compreniez par ce développement c'est que peu importe les notes obtenues par vous et vos camarades de faculté, elles ne sont jamais des marqueurs d'intelligence ou des cautions de votre réussite. De plus, je peux vous garantir que, sur le long terme toutes les personnes jalouses dans les études réussissent moins que celles qui ne le sont pas. Vous allez gaspiller plus d'énergie à vous en tordre les deux mains en pensant à une personne plus à son aise que vous, tandis que cette personne dépensera cette même énergie dans l'investissement personnel qu'elle fait sur son travail.

- *Secundo*, à la comparaison et la jalousie, préférez la remise en question et la valorisation de vos aptitudes. Les notes font partie de votre vie d'étudiants, mais aussi de la vie tout court. Toute votre vie, les chiffres appliqueront leur tyrannie : un abonnement vaut un forfait, un emploi vaut un salaire, dans certaines cultures et cultes religieux, la main d'une femme vaut une dote d'un montant particulier etc. Vous n'échapperez jamais à l'empire du nombre et du chiffre. En revanche, vous avez le choix de subir ou de vivre avec et de l'intégrer comme une composante, un rouage d'un système auquel vous appartenez et qui fonctionne tout aussi bien, avec ou sans vous. On subit la note lorsqu'elle a un impact significatif sur la suite de vos études, en revanche on vit avec la note lorsque l'on comprend les raisons qui justifient son existence d'une part (v. tableau précédent) et que l'on accepte de sortir de sa zone de confort en travaillant d'une autre manière, d'une meilleure manière. Les notes supérieures aux vôtres qu'obtiennent vos camarades n'ont aucune espèce de valeur : peut-être que le sujet parlait plus à un autre étudiant, peut-être que sa préparation à l'examen était de meilleure qualité que la vôtre, peut-être que, peut-être que… en réalité, on s'en moque. C'est ce qui m'amène à discuter du casse-tête méthodologique.

CHAPITRE 2 – CASSE-TÊTE MÉTHODOLOGIQUE

Commentaires d'arrêts, cas pratique, dissertations, notes de synthèse, tant d'exercices qu'il faudra nécessairement pratiquer, maîtriser pour espérer passer les années de facultés avec plus ou moins de brio. Toutefois, je note depuis mes débuts sur les bancs de la fac mais également depuis que je dispense de cours de soutien en droit, que la méthodologie est la bête noire de bien des étudiants. Si le cas pratique semble assez intuitif (majeure – mineure – conclusion) pour le plus grand nombre, il n'en n'est pas de même pour le commentaire d'arrêt, voire de la dissertation.

J'ai beau me procurer des ouvrages de méthodologie adaptée aux études de droit – ouvrages avec des titres aguicheurs du style « *je veux réussir mes études de droit* - il semblerait que les lire soit insuffisant. Les étudiants que j'accompagne sont très vite dépassés par l'idée de mobiliser des connaissances dans le cadre d'une démonstration juridique au lieu de faire de la récitation de cours. Le traité de réussite que vous lisez actuellement n'a pas vocation à vous dispenser un cours de méthodologie juridique mais de démystifier et décomplexifier celle-ci. Pour ce faire, je vous invite à méditer sur les prochaines lignes, prochains développements. J'ai bon espoir que si vous suivez mes modestes conseils, vous arriverez à vous améliorer, éviter les hors sujet, la paraphrase.

1 – <u>Porte-voix bavard</u>

Il m'est nécessaire de revenir à la note et sa tyrannie pour que vous puissiez vous situer et éventuellement savoir ce qui vous a fait échouer à un examen. Les résultats que vous obtenez sur vos productions en disent beaucoup plus sur vos lacunes méthodologiques que ce que vous voulez bien penser. Autrement dit, si vous comprenez vos notes, alors vous visualisez automatiquement les axes d'amélioration sur lesquels vous devez travailler. Officieusement, on ne me retirera pas l'idée qu'il existe un plafond de verre difficilement voire impossible à dépasser dans le système de notation universitaire : en conséquence, un excellent travail peut se voir gratifier d'un 16/20 voire 17/20, par là où vous comprendrez facilement qu'il y a déjà trois points manquants pour une raison obscure. Ne souhaitant pas critiquer le système universitaire en fac de droit – pas dans ce livre en tout cas , je m'abstiendrais de poursuivre plus en détail. **Retenez simplement que vos notes sont bavardes et se font le porte-voix de ce qui va et ce qui ne va pas dans votre méthodologie académique**. Partant de ce postulat, il reste à décrypter les notes pour en tirer les leçons qui s'imposent en matière méthodologique. Attention toutefois, chaque copie étant unique, je ne fais que dégager des tendances généralistes et en conséquence, chaque profil est différent et des exceptions peuvent exister. Néanmoins, je ne pense pas me tromper en proposant ici un petit décodeur de notes basses à moyennes.

Intervalles de note	Traduction méthodologique
0/20 - 7/20	Ici, vous avez manqué cruellement de méthode mais également de fond. Les connaissances sont lacunaires, la méthode n'est pas maîtrisée et vous avez gaspillé plus d'encre que de neurones. Si cela avait été *un cas pratique*, vous n'avez pas répondu aux questions principales, n'avez pas vérifié les conditions ou simplement pas respecté le syllogisme attendu. Autrement dit, votre réponse juridique est insuffisamment démonstrative et beaucoup trop expéditive. Par exemple, vous avez invoqué une règle de droit applicable puis vous l'avez appliqué immédiatement aux faits d'espèce sans jamais rien démontrer. *Pour un commentaire d'arrêt*, vous avez tout simplement fait un hors sujet : soit en commentant l'arrêt dans son ensemble plutôt que la réponse de la Haute cour, soit en paraphrasant et en meublant avec des fragments de souvenirs de cours. *Enfin, pour une dissertation*, vous avez soit du faire un HS, soit été dans la récitation de cours mais pas dans la démonstration juridique attendue.
	En vous situant sur cet intervalle bien

	spécifique, les connaissances sont présentes. La production est intellectuellement - sur son versant académique, intéressante. Le correcteur a pu sentir que vous aviez appris votre cours et l'avez compris. Ce qui vous a fait défaut c'est la manière dont vous avez mobilisé vos connaissances. Autrement dit, vous n'avez pas su appliquer la fameuse expression consacrée : « *la forme c'est le fond qui remonte à la surface* ». Dans un cas pratique, il y a peut être eu quelques manquements à des endroits cruciaux de la démonstration : soit en oubliant de vérifier des conditions, soit en omettant une sous-problématique fournie en points à prendre, ou alors en ne respectant pas la méthode du syllogisme (majeure trop longue, conditions non définies, mineure insuffisamment démonstrative, conclusion baclée ou absente). Dans un commentaire d'arrêt, votre plan vous a trahi. Si son contenu pouvait être intéressant, et les connaissances attendues bien présentes dans vos développements, vos titres et sous-titres n'ont pas permis de le déterminer au premier coup d'œil. Pareillement, vous n'avez pas su apporter des arguments forts qui expliqueraient concrètement la façon que la Cour de cassation ou le Conseil d'État ont utilisé pour solutionner le problème qui leur avait été soumis.
8 /20 < 10/20	

	Enfin concernant la dissertation, là encore vos connaissances sont présentes mais votre démonstration n'est pas rigoureuse. Votre plan ne met pas suffisamment en évidence les nuances à apporter entre la position défendue en I/A./B. Et celle du II/A.B.
10/20 – 12 /20 +	Dans cet intervalle, vous commencez à savoir concilier fond et forme. La production est encourageante mais encore un peu lacunaire. Vos faiblesses sont plutôt situées sur votre manière de produire une démonstration efficace. On parle souvent de démonstration lorsque l'on veut que vous expliquiez pourquoi et comment la réponse que vous apportez est la bonne. Vos arguments (connaissances théoriques du cours apprises, jurisprudences mobilisées, points doctrinaux cités…) ne se coordonnent pas correctement, si bien que si les réponses attendues sont données, elles sont partiellement déconnectées les unes des autres. Pour un cas pratique, le syllogisme est maîtrisé, le rappel des faits et la problématique sont bien amenés. Les fondements juridiques (article du code et jurisprudence de principe) sont bien présentes sur votre copie mais la manière dont vous les exploitez aux faits dans la mineure est encore trop superficielle.

	C'est ce que j'appelle la timidité académique : vous hésitez à vous faire confiance et à aller au bout du raisonnement. Pour un commentaire d'arrêt, aux mêmes causes les mêmes effets : la méthodologie est dans l'ensemble assez bien respectée : bonnes fiche d'arrêt et problématique, mais le plan reste fragile (ou trop « bateau »). Il faudra penser à être plus rigoureux et plus juridique dans vos titres et sous-titres. En outre, vos développements doivent se concentrer sur la solution de la Cour de cassation, et rien d'autre. Ne vous égarez pas non plus dans une récitation de cours pour « meubler ». Vous n'êtes pas là pour augmenter la réflexion du juge mais l'expliquer : c'est là encore une invitation à la démonstration. Enfin pour une dissertation , je dirai sans risquer de me tromper que le sujet est compris, la problématique bien amenée. Ce qui a pu vous faire défaut c'est le sentiment de frustration qu'a du ressentir votre correcteur : la copie aurait pu décoller si vous aviez été plus loin dans la réflexion en faisant les bons liens entre vos connaissances et les jurisprudences qui s'imposent si il y en avait, la position doctrinale et la tournure du sujet.

Vous l'aurez compris, vos notes en disent énormément sur la méthodologie pratiquée sur votre copie. Il faut toujours garder en tête que la note est avant tout une unité de mesure permettant de déterminer si vous savez mobiliser les connaissances théoriques et générales autour d'un sujet en particulier. C'est là toute la difficulté finalement. Je le redis : la forme, c'est le fond qui remonte à la surface. C'est donc à la lumière de ces éléments nouveaux que j'espère vous voir y trouver du sens et plus encore, des moyens de remédier à vos lacunes. Soyez assurés que si des millions d'étudiants avant vous y sont parvenus, vous y parviendrez également. Rappelez-vous que vous seuls comptez et que la comparaison jalouse ou envieuse n'a jamais mené nulle part, et certainement pas à la réussite.

2 – De l'intérêt de la méthodologie

Quelques mots très brefs sur l'intérêt de la méthodologie. Il peut arriver de se demander quelle est l'utilité sous-jacente au fort accent mis sur elle, et à quoi cela va servir dans le monde professionnel qui vous attend.

Tout domaine d'étude, et plus précisément de sciences nécessite que le cerveau s'adapte à leur logique. Il est inconcevable d'être fraîchement sorti d'une faculté de droit sans savoir comment penser le droit, comme il est impensable de pratiquer « juridique » sans réfléchir « juridique » en amont. J'aime prendre des exemples assez saugrenus lorsque je donne des cours de droit à mes étudiants. A l'heure où j'écris ces lignes, je sors de deux heures de cours en droit des contrats spéciaux avec une de mes étudiantes favorites, Fella G. J'expliquais à celle-ci comment « conceptualiser » en théorie le droit des contrats spéciaux avant de pouvoir résoudre un cas pratique dans cette matière. Alors que je l'interrogeais sur les réponses qu'elle souhaitait apporter dans une consultation juridique portant sur le contrat de mandat, l'intéressée me donnait immédiatement une réponse finale sans poser le contexte juridique et contractuel adéquat en amont. Autrement dit, lorsqu'elle avait fini de me faire un rappel des faits et de me proposer sa problématique, elle donnait immédiatement la réponse finale. Ceci fonctionne peut-être en L1 voire en début de L2 mais plus du tout en L3 et au-delà. Je lui ai donc expliqué que si elle souhaitait me parler d'un dépassement de pouvoir dans le cadre d'un mandat par le mandataire, il fallait d'abord m'expliquer que nous nous trouvions dans un contrat de mandat, ce qui suppose dans la majeure de poser l'article propre à cette convention. Afin qu'elle comprenne, je lui avais donné cet exemple que je vous retranscrits dans qu'il est encore frais dans ma tête :

« - *Fella, la réponse c'est 4.*

- *Pardon ?*

- *La réponse, c'est 4. Tu vois ? Tu ne comprends pas pourquoi je te donne la réponse car tu ne connais pas le contexte ni les raisons qui m'ont poussé à te donner cette solution. Si je te dis en premier lieu : Les additions sont une opération mathématique qui permet de trouver la somme de deux chiffres (principe). Ainsi, combien font 3+1 et que je poursuis immédiatement en te disant 4, tu comprendras immédiatement (régime). Si je passe sous silence l'essentiel de ce qui va justifier ma réponse, tu ne pourras pas comprendre.* »

Quand la faculté de droit vous force à vous montrer rigoureux, précis et complet dans vos démonstrations c'est justement parce que ces qualités sont propres aux professionnels du droit. Imaginez une seconde qu'un avocat plaide l'innocence de son client sans en exposer auparavant les faits qui lui sont reprochés puis les éléments qui peuvent écarter toute culpabilité le concernant. Cela semblerait grossier et invraisemblable, et c'est pourtant l'une des erreurs majeures que nous avons tous commis dans le cadre de nos études. Et ce qui nous a valu les plus mauvaises notes de notre histoire de juriste en herbe. Ce réflexe qui consiste à contextualiser, expliquer, démontrer puis conclure vous aidera dans toute votre vie professionnelle. Il faut rationaliser vos pensées, les clarifier et expliquer les choses dans un ordre logique clair. En donnant la réponse trop vite, vous créez chez votre correcteur un sentiment d'incompréhension et de frustration semblable à celui ressenti lorsqu'un film commence par la fin.

3 – De la démonstration

Il ne vous aura pas échappé que depuis le début de ce chapitre, je parle de démonstration. Mais qu'est-ce que cela peut bien vouloir dire ? Démontrer une hypothèse scientifique, c'est à dire prouver que mes arguments scientifiques sont cohérents avec les faits réels revient-il à faire une démonstration juridique ? Peu ou prou…

Je ne souhaite pas faire trop long car j'empiéterai nécessairement sur les cours de droit que vous suivez et qui vous remplissent beaucoup la cervelle. En revanche, il semble important d'expliquer simplement ce que c'est que démontrer dans sa copie. Faisons cet effort pour les trois exercices majeurs auxquels vous serez le plus confrontés.

Dans un cas pratique, vous êtes soumis à une réflexion concrète. On va donc vous demander de résoudre un problème de droit que rencontrerait n'importe quel justiciable et qui vous consulterait pour que vous puissiez l'aider. Cet aspect très «mimétique » de la réalité est très ingénieux car il vous force à vous projeter dans la peau d'un avocat et de ce fait, d'utiliser vos connaissances pour les appliquer à un cas réaliste. En général, lorsque vous lisez le cas, vous savez assez facilement quelle partie de votre cours est concerné (*vice du consentement, nullité, caducité, responsabilité etc.*). Vous venez donc inconsciemment de traduire juridiquement un problème factuel. Ce réflexe correspond à mon sens, à 50 % du travail à fournir. Il vous reste les autres 50 %, ceux qui résident dans la cohérence de votre syllogisme. La cohérence du syllogisme sous-entend que vous allez savoir comment amener vos arguments pour que ceux-ci, mis à bout à bout, révèlent la réponse juridique adéquate.

4 – Oublier le *par-coeur* au profit du plan de cours

Je suis de ceux qui considèrent qu'apprendre le droit par coeur est une folie dont on finit toujours déçu. Non seulement l'apport intellectuel est pauvre, mais la probabilité que cela vous serve lors d'un examen écrit demeure très faible. Je vous invite à taper sur n'importe quel site de recherche la question suivante : « *Pourquoi apprendre par coeur* ? » puis une seconde question : « *Pourquoi apprendre par coeur est inutile* ? ». Vous verrez que la question suscite un véritable débat.

- Ceux qui disent oui considèrent que la répétition, et l'effort de mémorisation, permettent de fixer de la connaissance.

- Ceux qui pensent plutôt que l'effort de concentration est minime et la réflexion sous-jacente qui aide à la compréhension est absente. Je suis de cet avis.

Concrètement, la question de l'apprentissage d'un cours suppose de vérifier deux paramètres au préalable : la nature de l'examen (oral ou écrit) et la forme de l'examen (cas pratique, dissertation, commentaires, jeu de question réponse, sujet de réflexion oral etc). Je pense qu'on tombera tous d'accord si j'affirme qu'on ne prépare pas une session orale de la même manière qu'une session écrite. Non seulement les possibilités peuvent être plus grandes à l'oral qu'à l'écrit, mais les exigences du correcteur peuvent être plus fortes à l'écrit qu'à l'oral. Partant de ce postulat de départ, il est délicat d'avoir la même approche de vos révisions selon que vous vous prépariez pour un oral ou un écrit. Est-ce qu'un footballeur prépare une finale de coupe du monde comme il prépare un match amical ?

CHAPITRE 3 – GROUPE, TRAVAIL, AIMER

On dit souvent que seul on va plus vite mais qu'à plusieurs, l'on va plus loin. Ceci est partiellement vrai. En réalité, je dirais que cela dépend des gens, des caractères…On dit également ici et là que se lever pour faire un travail que l'on aime revient à ne plus jamais travailler de sa vie. Là encore, je dirais que cela se discute. Tout est toujours une question de casuistique, de personnalité et d'aspirations personnelles.

L'université est un monde à part, avec ce que cela suppose d'individus différents de vous, de règles, d'exigences. Vous avez le choix d'arpenter ce monde *seul* ou *bien accompagné*. Mais aussi sûr qu'on ne s'enterre pas tout seul, il est très difficile sinon impensable que d'achever son cursus sans avoir crée au moins une relation cordiale sinon de bonne camaraderie avec ceux qui nous ressemblent et qui composent votre promotion. Arrivera en effet le moment où vous penserez être à l'université plus que vous n'êtes dans votre propre lit ; donc autant que tout ce temps soit investi dans des conditions qui vous soient le plus agréables possibles. Je suis intimement convaincu que la réussite en droit passe d'une part par un travail personnel de longue haleine mais également par une sociabilisation modérée et enfin par un goût pour les études. Partez du principe que vous ne pourrez pas plaire à tout le monde et réciproquement, tout le monde ne peut pas vous plaire. Toutefois, il faut que vous aimiez étudier le droit au point de vouloir le pratiquer.

1 – La constitution d'un groupe

La constitution d'un groupe de travail est un élément, à mon sens, très important. Le groupe a cette faculté spécifique de créer une dynamique, un effort commun. Il est plus facile de remettre à demain une fiche de TD un peu lourde ou des révisions lorsque l'on est seul. Par contre, lorsque vous avez déjà acquis la méthode (**v. supra**) et que vous vous entourez de quelques camarades qui veulent aussi s'en sortir, convoitent la réussite universitaire, vous allez naturellement vous enjoindre à la rigueur, la discipline et l'organisation. Ces qualités vous seront particulièrement utiles dans le monde professionnel que vous souhaitez atteindre à la suite de vos études de droit.

Mais pourquoi créer un groupe ? La réponse unique n'existe pas et je pourrais vous apporter tout autant d'arguments qui me semblent convaincants pour X et qui le seraient moins pour Y. Nonobstant, l'on peut se mettre d'accord sur les quelques lignes qui vont suivre :

1. **Permettre l'échange et favoriser la discussion** : Plus vous parlerez « en droit », plus vous serez à l'aise avec le langage juridique, plus la matière dans son ensemble vous semblera accessible et de moins en moins élitiste. C'est un peu comme lorsque vous essayez d'apprendre une langue. C'est par l'écoute,la mémorisation, la répétition orale des mots et la connaissance de leur signification que vous finissez par la maîtriser.

2. **Confronter les analyses et les compréhensions de cours** : Ceci vous permettra de dissiper des doutes et des incertitudes, tout en vous rassurant en groupe sur ce qui doit être maîtrisé dans vos cours.

3. **Se répartir le travail à faire sur une fiche de TD** : admettons que vous ayez 10 fiches d'arrêt à produire pour la prochaine séance de TD. Il est certain que si vous vous portez volontaire pour en faire 2 ou 3 à l'oral, et que votre ami(e) en fasse à son tour le même nombre durant le cours, vous aurez pu soulager votre esprit d'une partie de la plaquette tout en ayant pris connaissance des arrêts. La délégation et la répartition du travail au sein d'un groupe est une méthode que j'ai beaucoup utilisé entre la L2 et mon M1 avec mes camarades, et ceci nous a valu des belles moyennes en TD et une excellente compréhension des cours concernés.

2 – Les profils de travail

Sur les trois dernières années, plusieurs étudiants m'ont demandé si il existait des méthodes de travail spécifiques, propres aux études de droit, qui permettent de s'assurer une réussite certaine et opportune. La réponse est : non. Coupons court et ne nous mentons pas : Si vous ne travaillez pas, cela ne fonctionnera pas. Si vous assurez un peu plus que la moyenne en TD en préparant de façon superficielle votre plaquette, cela ne fonctionnera pas non plus. Pourquoi ? Car le système universitaire est fait de telle manière à créer un filtrage naturel entre ceux qui ont rapidement compris quelles étaient les attentes du corps enseignant. Alors on pourra toujours opposer l'exemple d'un camarade qui a réussi sans trop s'investir au sein de ses études, et alors même qu'il cumulait un ou deux emplois à temps partiel à côté. Je ne cesserai de le répéter : ce qui fonctionne pour un n'a pas vocation à fonctionner pour tous. Gardez en tête que vous êtes unique dans votre façon d'aborder vos études, vos épreuves et que la comparaison malvenue n'a aucune autre vertu que vous conduire à la jalousie ou l'échec.

Il faut encore s'interroger sur comment travailler ? Cette question simple en apparence connaît une pluralité de réponses qui dépendront nécessairement d'un examen de conscience personnel. Je l'ai dit : ce qui fonctionne pour X n'a pas toujours vocation à fonctionner pour Y. Toutefois, l'on peut essayer de dégager trois grosses tendances communes auxquelles vous pourrez vous identifier.

Première tendance : Le profil prudent

Le profil prudent concerne l'étudiant(e) qui va préparer en amont son semestre en travaillant chaque fin de semaine ses cours de CM, en préparant le jour même ses fiches de TD dès qu'elles lui seront distribuées, et qui s'assurera toujours d'être à jour pour le lundi qui vient. L'avantage de cette méthode réside dans le fait que l'étudiant(e) n'est jamais pris de court, et reste à jour. En général, cet étudiant(e) est celui ou celle auquel ses camarades viennent demander conseil ou des informations pour savoir ce qu'il y a à faire.

Je me permets d'attirer votre attention sur le fait que ce profil requiert une organisation millimétrée et surtout un sens du sacrifice important. Je ne suis pas certain qu'un tel investissement soit nécessaire pour réussir dans les études de droit, néanmoins, on ne perd rien à en faire trop que pas assez.

Si vous faites partie de cette catégorie d'étudiants, je n'ai pas de conseils à vous donner. Vous réussirez, c'est évident.

Seconde tendance : Le profil opportun

Le caractère opportuniste de l'étudiant permet également de s'approprier son emploi du temps et de savoir doser ses efforts selon les matières et les cours qui méritent un effort constant d'une part et une assiduité de l'autre. Je m'explique.

Selon le profil opportun, achever ses fiches de TD est important, en revanche aller en cours d'amphithéâtre n'est pas une nécessité, sauf à remarquer que la matière soit fondamentale et particulièrement technique. L'ingéniosité des facultés de droit est d'assortir - toujours ou presque - un CM d'une matière fondamentale à un TD obligatoire ; par exemple Droit des obligations en CM et TD de droit des obligations. L'idée est d'appréhender la matière d'une façon pratique en confrontant les notions vues en CM durant trois heures à des exercices type cas pratique sur ces mêmes notions. Dans ces circonstances, le profil opportun sait que le système universitaire lui mâche le travail en lui faisant le cours durant plusieurs heures, et en lui permettant de vérifier ce qu'il a compris par le biais d'un cas pratique, fiches d'arrêts ou autres commentaires de décisions de justice.

Concernant les enseignements dits d'ouverture, et donc qui ne sont ni fondamentaux ni assortis d'un TD dédié, l'étudiant aura tendance à soit venir en cours pour s'imprégner de l'esprit de la matière et à récupérer le cours entier auprès d'un camarade, soit à lui-même le suivre, sans pour autant y revenir au moment où il décidera qu'il est temps de réviser. En effet, ces matières d'ouverture étant sanctionnées par un examen unique, final, il n'aura besoin que de se replonger dans le cour qu'à la fin du semestre lorsqu'il s'agira de préparer ses partiels pour la première session ou seconde session.

Vous le voyez ici, l'idée est d'étaler et lisser son effort, en dosant intelligemment son énergie selon que la matière soit importante ou qu'elle exige un effort constant.

Enfin, pour ce qui s'agit de la phase de révision, le profil opportun – dont je faisais d'ailleurs partie – prendra deux semaines avant le début des partiels pour organiser son travail. Cette organisation doit être pragmatique et intelligente pour que vous puissiez réussir. En effet, il ne s'agit pas d'avaler des centaines de pages de cours de droit à la chaîne dans l'espoir de les recracher le jour J. **Bien au contraire, vous devez adapter votre style de révision à la nature de l'examen.** Qu'est ce que cela veut dire ? Et bien, il me semble que, comme pour une bonne séance de sport, vous devez choisir quelle partie du corps vous allez travailler. Partant, si vous décidez de travailler le dos, vous n'allez pas spécialement insister sur les jambes. Rapproché de votre session de révision, vous n'allez pas apprendre la partie introductive portant sur l'histoire du droit des affaires lorsque vous savez que l'examen du cours de droit des affaires prendra la forme d'un cas pratique. Dans une telle acception, il faudra surtout refaire l'ensemble de vos cas pratiques vus en TD et apprendre les corrections faites en classe – d'où l'importance d'avoir été assidus aux TD.

Si il s'agit d'un oral – qui est parfois la forme d'examen privilégiée à partir de la L2 , il faudra apprendre à travailler avec le plan du cours. Pensez toujours à demander celui-ci à vos enseignants en début de semestre. En réalité, le plan est votre meilleur ami car il vous permet de concevoir la structure de la matière dans son intégralité. C'est lui qui va vous permettre lors de votre période de révision, à découper intelligemment le cours pour l'apprendre. Chaque jour, vous décidez d'apprendre une section entière. Pour ce faire, il faudra d'abord la lire en surlignant ce qui vous semble essentiel, et par petits paragraphes qui développent une idée, ficher en synthétisant le contenu sélectionné. Chaque fiche de chaque cours doit reprendre au moins le titre des chapitres, des sections et des paragraphes. Ainsi, lorsque vous aurez achevé ce travail de détricotage et d'étude minutieuse de votre cours, vous n'aurez qu'à relire rapidement le contenu du cours de temps à autre, et vérifier que vos connaissances sont fixées lorsqu'en lisant ne serait-ce qu'une demi-phrase d'une section, vous savez ce qui suivra.

En tenant le cap sur les deux semaines que vous accordez à vos révisions en fin de semestre, vous pouvez quasiment vous assurer de deux choses particulièrement rassurantes :

- Il y aura très peu de chances, voire aucune si vous n'avez pas fait d'impasses, de tomber sur un point de cours que vous ne connaissez pas ;

- Vous serez toujours en mesure de répondre aux questions secondaires si vous ne savez pas répondre au sujet principal sur lequel vous serez interrogé le jour de votre oral. Ceci vous permettra au moins de contrôler les dommages, sauver les meubles...

Troisième tendance : Le profil qui travaille

Une fois n'est pas coutume, il est généralement su et admis que les étudiants n'ont pas tous des parents qui peuvent leur permettre de se concentrer exclusivement sur les études. Il est également su de tous que la vie estudiantine rime parfois avec précarité et partant, l'étudiant est tenu de travailler à côté de ses études. Avoir un emploi est souvent chronophage et empêche manifestement de pouvoir s'investir comme on le voudrait dans ses études et se laisser porter par le rythme universitaire. Néanmoins, et pour être passé par là durant de longues années j'en sais quelque chose, il n'y a absolument rien d'impossible pour quiconque souhaite se donner les moyens. Le modeste conseil que j'aimerai donner est le suivant : « Faire ce que l'on doit, plutôt que ce que l'on veut. ». Là encore, je vais tâcher de m'expliquer afin d'être le plus clair possible.

Lorsque vous avez un emploi, vous devez nécessairement prendre en considération que votre temps est compté et surtout réparti entre votre petit boulot et vos cours de droit. Ainsi, il faudra ici faire des choix : entre les cours de CM que vous devrez peut-être rater, l'opportunité ou non de vous placer en contrôle terminal[7], les jours ou vous irez à la bibliothèque pour faire vos devoirs maison, etc. En somme, vous ne pouvez pas vous permettre d'être aussi souple que dans le profil opportuniste dans la mesure où le temps dont vous disposez n'est certainement pas le même ; puisque bien inférieur. Partant, il faudra trouver une organisation particulière qui vous

[7] Le contrôle terminal s'oppose au régime du contrôle continu. En principe, chaque étudiant qui s'inscrit est placé sous le régime du contrôle continu, ce qui suppose qu'il devra être présent de façon obligatoire à tous les TD (puisqu'un appel est normalement effectué par l'enseignant). A défaut, et en cas de deux à trois absences non justifiées, il s'expose à être considéré comme défaillant pour le cours et donc pour le semestre. Il devra nécessairement passer aux rattrapages. Le contrôle terminal permet à l'étudiant qui demande à être placé sous ce régime, de ne pas venir aux TD obligatoires mais simplement aux examens de fin de semestre pour le ou les TD concernés.

permette de gagner votre salaire et en même temps gérer vos impératifs universitaires.

Dans une telle configuration, je vous invite de prime abord à prioriser vos études à votre travail. En effet, il faudra que votre job étudiant s'adapte à celui de votre emploi du temps universitaire autant que faire ce peut. Pour parler de ma modeste expérience, j'ai travaillé 4 ans dans un hypermarché. A l'origine, embauché pour un 20 heures par semaine, je devais me présenter trois jours dans la semaine (deux fermetures, et un samedi toute la journée de 10h a 22h). Lorsque les cours ont commencé, j'ai présenté mon emploi du temps à ma responsable afin que mes jours de travail s'imbriquent avec les heures auxquelles finissaient mes derniers cours de la journée. Le tout étant de trouver un équilibre par lequel il est possible de suivre sans stress ses cours, et se présenter à ses TD, et avoir le temps de se rendre au travail après sa journée à l'université.

J'en conviens, cela est éreintant, mais vous finirez par vous y faire, tout en sachant que cette situation ne dure qu'un temps, et s'impose malheureusement à soi compte tenu des obligations financières que nous avons.

CHAPITRE 4 – Émotif

Il s'agit ici d'un chapitre quelque peu particulier puisque l'on va parler de vous, et exclusivement de vous tout au long des quelques lignes qui vont suivre. On posera tout de suite les bases : personne ne se ressemble, ni dans son fonctionnement mécanique, ni dans sa manière d'aborder ses études de droit. Ceci étant dit, il faudrait au moins pouvoir trouver un point commun entre tous ces étudiants en droit qui accèdent aux mêmes enseignements sur le plan national, et le point névralgique de ce chapitre qui tend à mettre en lumière votre niveau réel par rapport à votre fausse-croyance quant à sa médiocrité.

J'avais un enseignant, Monsieur Le Professeur Thomas Le Gueut qui aimait à dire : « Vous voyez votre niveau à un niveau relativement bas, alors qu'en réalité il est bien au-dessus de ce que vous pensez. » Pour la petite précision, il mimait les différentiels de niveau avec ses doigts en mimant une échelle, ce qui m'amusait beaucoup, et flattait forcément un peu l'égo de son auditoire estudiantin.

Vous devez comprendre que, tant que vous êtes dans le processus d'apprentissage, le reflet de votre niveau ne représente aucunement vos compétences théoriques réelles. Il faut parler de théorie en ce sens que, tant que vous n'êtes pas confrontés à un cas juridique concret comme il peut en être le cas dans le cadre d'un stage en cabinet d'avocat ou en entreprise, vous ignorez tout de vos réflexes intellectuelles et juridiques. Ce qui est tout à fait normal. Prenons donc, après cette brève introduction visant à poser les bases de ce chapitre, le temps de déconstruire le mythe de votre prétendue « médiocrité » afin d'en faire émerger la vérité qui est la vôtre que j'ai décidé d'appeler sobrement : le potentiel.

Le potentiel suppose avant toute chose de se connaître soi-même mais aussi et surtout à dédramatiser votre envie de réussite qui se confronte toujours brutalement avec votre peur démesurée et injustifiée de l'échec ; par là ou l'on traitera des méthodes de gestion du stress et des émotions.

1. Apprendre à se connaître

Disons les choses de suite : vous êtes la seule et unique personne capable de vous connaître sur le bout des doigts. Vous connaissez vos faiblesses et vos forces. Vous seuls savez quand vous réussissez un examen, et quand vous passez à côté de celui-ci. J'évite toujours volontairement le terme d'échec quand je le peux car je lui trouve une connotation négative qui tend toujours à réduire à peau de chagrin les grandes qualités intellectuelles d'un être humain qui cherche des solutions à l'aide de son cerveau et sa réflexion. On n'échoue pas ses études, on passe plutôt à côté des attentes de l'Administration Universitaire.

Dans son livre « Libérez votre cerveau » que je ne conseille pas spécifiquement en ce qu'il n'apporte pas grand-chose (*et cela reste mon avis personnel*), Idriss J. Aberkane affirme à juste titre que : « *L'administration préférera toujours que cela échoue avec sa méthode que cela réussisse avec la vôtre* ». Partant de ce postulat, peut-on véritablement considérer que la faculté de droit laisse toute latitude et liberté à l'étudiant pour développer sa pensée et proposer une réflexion juridique personnelle qui pourrait tout à fait s'avérer juste sans pour autant entrer dans les carcans académiques attendus ? La réponse est en demi-teinte.

En réalité, vous êtes conditionnés et formatés de telle manière à acquérir une méthode de travail juridique (souvent binaire : deux parties, deux sous parties) pour structurer votre pensée et exposer une démonstration juridique précise sur une thématique notée. Prenons un exemple concret pour que vous puissiez comprendre où je veux en venir.

Le cas pratique

Supposons que Madame BADOIT conclut un contrat de vente portant sur un immeuble de rapport idéalement situé au coeur de Paris. Le vendeur lui avait assuré que le bien était indemne de tout vice, mieux encore, qu'il avait été remis à neuf par ses soins. Or, après avoir régularisé la vente par devant notaire et pris possession des lieux, Madame BADOIT s'aperçoit que la chambre à coucher est infestée de mérules (champignon). Bien décidée à ne pas se laisser faire, Madame BADOIT vous consulte en votre qualité d'avocat expert en domaine immobilier pour trouver une solution.

Ce pratique vous interroge, vous l'aurez deviné, sur les vices cachés. Mais si vous prenez le temps d'une lecture attentive, il y a également d'autres fondements juridiques à relever : erreur, ou encore manœuvres dolosive (mensonge du vendeur assurant avoir remis à neuf l'appartement). Si ce cas pratique tombait en matière de contrats spéciaux, notamment en L3, on vous interrogerait certainement sur la notion de la garantie légale des vices cachés et non pas sur les vices du consentement (erreur, dol ou encore violence) puisque le programme universitaire est compartimenté de telle manière à vous faire acquérir un savoir strictement délimité selon le niveau de licence dans lequel vous vous trouvez. Celui qui parlerait alors de démontrer les vices cachés au mépris des vices cachés se heurterait nécessairement un hors sujet, ou dans le meilleur des cas à un 0,5 point bonus pour la peine qu'il se serait donné. Le plus gros du barème se retrouve ici dans la démonstration de la garantie légale des vices cachés et pas ailleurs !

D'où l'intérêt de ne pas se mélanger les pinceaux et de s'assurer de maîtriser les fondamentaux année après année. Il n'y a qu'au CRFPA ou au concours de l'ENM que l'on exigera de vous une démonstration absolument complète.

Vous comprenez désormais qu'il faut ici non pas faire étalage de tout son cours mais plutôt cibler les connaissances les plus adéquates et en faire un usage particulier afin de vous assurer une note confortable. **C'est d'ailleurs un point sur lequel on n'insistera jamais assez : tout examen de droit à l'université n'a pas vocation à vous donner l'occasion d'étaler votre science mais de mobiliser des connaissances spécifiques – par souvent techniques – pour démontrer un point de droit et répondre à la problématique que vous posez vous même.**

Ce travail de tri de l'information par la lecture multiple du sujet avant de vous lancer dans son traitement, et celui de la sélection du ou des fondements les plus propices à la résolution de ce dernier sont tout à fait dans vos cordes. L'université ne vous demande pas de démontrer que vous savez tout sur tout mais que vous savez identifier une problématique bien spécifique et que vous savez mobiliser les connaissances théoriques applicables au cas d'espèce. Et c'est là toute la difficulté pour beaucoup d'étudiants qui hésitent entre plusieurs règles de droit exploitables qui ne sont aucunement attendues par votre correcteur.

Vous devez gardez en tête que vous êtes capable de fournir ce double travail :

- Identifier la ou les problématiques
- La ou les rattacher à une notion-clé de votre cours sur lequel l'examen porte.

Lorsque ce travail préparatoire est fait, en plus des prises de notes en marge du sujet et sur votre brouillon, vous ne pouvez que vous assurez d'être en eaux peu profondes et donc de naviguer à vue sans trop de peine. N'allez pas complexifier les choses plus qu'elles ne le sont déjà car c'est ce défaut qui tend à provoquer la dévalorisation de vos capacités intellectuelles et vos connaissances ; voire même commencer à insuffler le doute. Et c'est sur ce point qu'il apparaît essentiel de discuter.

Le sous-titre de ce chapitre se nomme « Apprendre à se connaître ». Vous êtes toutes et tous capables d'apprendre un cours de droit, mais êtes-vous tous capables d'apprendre à vous connaître vous-même ? En propos introductif de ce chapitre j'indiquais que vous deviez en être capable pour pouvoir faire face aux épreuves universitaires qui vont vous tourmenter. Pour apprendre à se connaître, il faut savoir quels sont ses points forts et quels sont ses points faibles.

La clé d'une bonne copie en droit est la maîtrise de la structuration de sa pensée. Mais si vous avez pour habitude d'être une personne désorganisée, qui fait tout à la dernière minute, il risque d'être très difficile de vous organiser et produire un contenu lisible, clair, aux enchaînements juridiques évidents et logiques. Apprenez déjà à mettre de l'ordre dans votre vie : ceci peut passer par des choses quotidienne anodines comme faire son lit lorsque l'on se réveille, se dégager du temps le dimanche soir pour lire quelques pages d'un livre que l'on apprécie, introduire des séances de sport matinale ou nocturne ; en somme avoir une hygiène de vie relativement ordonnée. Je vous garantis qu'au bout de quelques semaines, ces bonnes habitudes dans votre vie privée auront des répercussions positives et bénéfiques sur la qualité de votre réflexion et votre travail.

De même, personne ne mène une vie tranquille. Tous autant que nous sommes avons des « problèmes » dans nos vies personnelles. Pourtant, je ne peux que vous recommander ici d'imaginer « ces problèmes personnelles » comme un sac à dos que vous devez impérativement laissé à l'entrée de l'Université que vous viendrez récupérer lorsque votre journée de cours s'achèvera. Comment peut-on s'investir dans ses études si notre cerveau est parasité par ce que nous devons maîtriser théoriquement en cours et gérer à l'extérieur ? J'ai longtemps manqué à appliquer ce conseil qu'une manager d'un job étudiant avait su me donner il y a dix ans, et cela m'a coûté très cher.

Encore une fois, apprendre à se connaître consiste à faire du tri dans ce qui est en votre pouvoir et ce qui ne l'est pas. Réussir vos études de droit est à votre portée ; la maladie d'un proche ne l'est pas. Votre présence à ses côtés l'est, la guérison ne vous appartient pas. Sachez toujours faire la part des choses.

2. *Gestion des émotions et du stress*

C'est un secret pour personne, les études quelle qu'elles soient sont source de stress et d'importants mélanges d'émotions plus ou moins intenses : peur de l'échec, doute sur ses capacités, méconnaissance du monde professionnel auquel l'on se prédestine. Et pourtant, vous devez vous dire que si vous avez réussi à valider votre première année et que vous travaillez suffisamment pour valider votre seconde année, la troisième, sinon votre Master c'est que vous avez méritez votre place et que vous êtes là ou vous devez être. Un ami m'avait dit il y a fort longtemps, alors que j'allais mal : « *Redresse la tête, tu vaux plus que tu ne le crois.* » Pensez ce que vous voulez, mais cette phrase résonne encore dans ma tête plusieurs fois dans l'année et il m'arrive même de la répéter à mon entourage lorsque celui-ci se retrouve dans des périodes de doutes intenses ou de déprime importante.

Si l'université et notamment certains membres du corps enseignants ont le don de dévaloriser la qualité intellectuelle de l'étudiant et la valeur humaine de ce dernier – ce qui est à mon sens impardonnable – la réalité des faits contraste allègrement avec les propos orduriers (je ne trouve aucun autre terme plus adéquat, pardonnez-moi) que vous pouvez subir. Mais je n'insisterai jamais assez sur le fait que vous devez vous voir comme des chars d'assaut que rien n'atteint. Vous avez mérité votre place, personne ne vous volera vos heures passées à étudier, vos remises en question (v. supra, sur le syndrome de l'imposteur) et encore moins vos ambitions.

La question du corps enseignant ne m'intéresse pas outre mesure dans cette ouvrage dont je ferai mon affaire dans un Tome 2, si Dieu me prête vie d'ici là. Mais pour l'heure c'est votre personne qui m'importe et votre réussite. L'université vous fera penser que vous n'êtes pas fait pour les études que vous poursuivez, que les meilleurs emplois sont réservés à ceux qui ont des mentions sur leur bulletins de note, et que les étudiants moyens ou lacunaires sont destinés à des carrières dans le tertiaire de piètre qualité sinon d'esclave. Laissez moi vous dire la vérité : c'est FAUX.

Combien d'avocats moyens, obtenant le concours du CRFPA à 10.00 avec un coup de pouce du jury sont devenus de brillants auxiliaires de justice ? Combien de magistrats qui ont doublé voire triplé leurs années licences ont fini par siéger à la Cour de cassation ? Ces gens là n'ont-ils pas été en proie aux doutes et aux remises en question ?

N'écoutez que vous ! Si vous sentez au fond de vous-même qu'indépendamment de vos doutes et votre manque de confiance en vous, vous êtes capables d'aller au bout de votre cursus universitaire alors ne suivez que cette voie. Les doublements, redoublements n'ont aucune espèce d'importance ; il faut vous accrocher, mais il ne faut pas s'entêter. Là est la limite.

La gestion des émotions passe aussi par votre attitude face à votre copie et l'appréhension que vous pourriez ressentir avant de découvrir votre sujet. Il y a deux choses que vous devez conserver à l'esprit et qui, je l'espère vous aideront à démystifier les partiels :

1) La première chose à vous remémorer est que l'on ne vous interrogera jamais sur un sujet, un thème, une notion qui n'a pas été vu en CM ou en TD. Partant, si vous avez appliqué les modestes conseil que je vous ai prodigués en vu de préparer vos examens, vous ne devriez pas être surpris outre mesure.

2) Vous êtes votre plus mauvais juge. Vous ignorez plusieurs données absolument essentiels qui vous permettraient de vous juger avec précision : la grille de correction, l'appréciation subjective de votre correcteur, l'existence ou non d'une double-correction, la manière dont les points sont répartis dans l'énoncé. Et j'en passe encore. Vous ne pouvez pas préjuger de votre note une fois la copie rendue. De cette façon, le fait de terminer une épreuve en ayant fait votre maximum devrait manifestement vous soulager puisque vous avez passer une étape qui, désormais, se trouve derrière vous et pour laquelle vous ne pouvez absolument plus rien faire.

J'aime à dire que pour ce second point que, même si l'on me redonnait le sujet à la sortie de l'examen pour le refaire une seconde fois, il y a de grandes chances pour ne pas dire 100 % que je reproduise l'exacte même production écrite que celle que j'ai rendue il y a dix minutes en arrière. En bref, apprenez à lâcher prise, cela vous sera toujours d'une grande utilité. Repensez à ce sac « de problèmes de vie privée » que vous laissez à l'entrée de l'université et faites en de même avec le sac de partiels que vous venez d'achevé après plusieurs semaines de révision et heures de travail. Cela vous permettra d'aller de l'avant et d'attendre avec espoir que votre travail sera récompensé à sa juste valeur !

CHAPITRE 5 - Le monde de demain

Lorsque vous terminez vos études de droit, vous êtes souvent confrontés à une pression immense : celle de faire "le bon choix" de carrière. Ce sentiment peut donner l'illusion que le métier que vous choisissez au sortir de l'université sera celui qui vous définira pour toujours, comme si chaque décision était gravée dans le marbre. Pourtant, il n'en est rien. L'une des grandes réalités du monde professionnel, c'est que **rien n'est figé**. Le parcours professionnel est fluide, dynamique, et rempli d'opportunités de réinvention.

Il est primordial de comprendre que **les choix que vous faites aujourd'hui ne conditionnent pas toute votre vie**. Vous pouvez commencer comme juriste d'entreprise, pour ensuite vous diriger vers la magistrature, l'enseignement, ou même un poste au sein d'organisations internationales. Certains d'entre vous deviendront avocats et se rendront compte, après quelques années, que la pratique de ce métier ne correspond plus à vos attentes ou à votre vision de l'épanouissement personnel. Et c'est tout à fait normal ! L'essentiel est de garder l'esprit ouvert et de ne jamais considérer un poste comme un point final.

1. L'adaptabilité : une compétence clé

Dans le monde d'aujourd'hui, **la polyvalence et l'adaptabilité** sont des atouts majeurs. Le droit, par sa nature évolutive, exige de ses praticiens qu'ils s'adaptent continuellement aux nouvelles législations, jurisprudences et pratiques. Mais cela ne s'applique pas seulement aux compétences techniques. La capacité à réorienter votre carrière, à apprendre de nouvelles choses, ou même à changer de spécialité après quelques années est un signe de maturité professionnelle. Vous avez le droit de changer d'avis, d'explorer de nouveaux domaines et de prendre des risques.

Ne voyez pas cela comme un renoncement ou un échec, mais plutôt comme un chemin naturel. Il n'y a pas de mal à découvrir, après quelques années, qu'un autre domaine du droit ou même un autre métier correspond mieux à vos aspirations. L'important est de continuer à avancer, d'oser explorer et de rester motivé pour apprendre et évoluer.

2. *Le rôle des stages : une première immersion*

Les stages sont une étape incontournable de cette exploration. Dès la Licence 3 (L3), je vous encourage fortement à vous lancer dans la recherche de stages. Vous n'avez pas besoin d'attendre le Master pour vous immerger dans le monde professionnel ! Chaque stage est une occasion unique d'apprendre, d'observer, et surtout de comprendre comment vos connaissances théoriques peuvent être appliquées dans la réalité. Plus vous commencez tôt, plus vous aurez d'occasions de découvrir différents métiers, différentes pratiques, et de mieux cerner ce qui vous attire vraiment dans le droit. Je dirais à ce propos que le moment idoine pour commencer à chercher un stage serait la L3.

Un autre avantage clé des stages est qu'ils vous permettent d'**étoffer votre CV**. Vous gagnerez en crédibilité auprès des employeurs en montrant que vous avez su combiner études et expériences pratiques dès vos premières années. Chaque stage, même de courte durée, est une ligne qui témoigne de votre engagement et de votre envie de vous investir dans le monde juridique. Cela vous aidera également à nouer des contacts, à bâtir un réseau professionnel, qui peut s'avérer déterminant pour votre future carrière. Aucune rencontre n'est inutile, et il faudra toujours en tirer quelque chose.

3. Une approche pragmatique pour la recherche de stages

Il est essentiel d'adopter une **stratégie pragmatique** dans la recherche de stages. Ne vous découragez pas si vous ne trouvez pas immédiatement un stage dans le domaine précis qui vous intéresse. Chaque expérience, même dans un secteur éloigné de vos aspirations initiales, vous apprendra quelque chose. Par exemple, si vous aspirez à devenir avocat d'affaires, mais que vous obtenez un stage dans une PME où vous ferez essentiellement du conseil juridique général, n'y voyez pas un échec. Vous apprendrez comment fonctionne une structure interne, comment les juristes interagissent avec les différents services de l'entreprise, et comment votre expertise peut avoir un impact concret sur la stratégie de l'organisation. De même, si vous aviez déjà un emploi étudiant dans lequel vous avez appris la rigueur, la ponctualité, le système hiérarchique, mais également l'autonomie pour un emploi que vous ne souhaitiez pas faire toute votre vie, vous allez mettre ces « soft-skills » dans un univers professionnel que vous avez choisi ! Ceci ne peut que vous êtes bénéfique.

4. Le DJCE : Un diplôme d'excellence

Pour ceux qui se dirigent vers le **droit des affaires**, le **Diplôme de Juriste Conseil d'Entreprise (DJCE)** est une opportunité à ne pas négliger. Ce diplôme, très reconnu par les cabinets d'avocats et les grandes entreprises, est souvent perçu comme une marque d'excellence. Il vous offre une formation pointue dans des matières cruciales pour le droit des affaires : droit des sociétés, droit fiscal, droit des contrats, droit de la concurrence, droit de la propriété intellectuelle, etc. Autrement dit, il vous prépare à devenir un véritable expert dans ces domaines, tout en vous ouvrant les portes des grandes structures.

Le DJCE est un véritable **atout qui saura faire la différence entre votre profil et celui d'un candidat concurrent** sur le marché du travail. Non seulement il témoigne de votre spécialisation, mais il montre aussi votre rigueur académique et votre détermination à vous former au plus haut niveau. Les cabinets d'avocats d'affaires, tout comme les départements juridiques des grandes entreprises, recherchent activement des candidats ayant ce type de profil. Si vous ambitionnez de travailler dans le conseil aux entreprises, la fiscalité ou encore les fusions-acquisitions, le DJCE est sans doute l'une des meilleures options à envisager.

5.Évoluer tout au long de sa carrière

Une fois dans la vie active, il est essentiel de continuer à **se former** et à **se réinventer**. Le droit est un domaine en perpétuelle évolution, et rester à jour sur les nouvelles réformes, les évolutions jurisprudentielles, et les besoins du marché est essentiel. Si vous vous sentez un jour bloqué dans votre métier actuel, n'hésitez pas à prendre du recul, à identifier les domaines qui vous intéressent et à vous spécialiser dans des secteurs en pleine expansion. Les possibilités de reconversion, même au sein du droit, sont nombreuses, et vous pouvez envisager d'évoluer vers d'autres secteurs connexes comme la compliance, la gestion des risques, la protection des données (RGPD), ou encore la résolution des conflits internationaux.

Le monde professionnel n'est pas une ligne droite, c'est un ensemble de chemins entrecroisés où vous êtes libres de naviguer comme bon vous semble. Aucun choix n'est figé. Prenez des risques, saisissez les opportunités qui se présentent à vous, et surtout, ne vous enfermez jamais dans une vision trop rigide de votre avenir. Le droit est une discipline vaste et passionnante, et il vous appartient d'explorer toutes les voies possibles. Votre carrière ne se limite pas à un poste ou un titre, elle est le reflet de votre curiosité, de votre passion et de votre envie de grandir, encore et toujours.

CONCLUSION – VISION A LONG TERME

Nous arrivons déjà à la fin de ce modeste essai qui, je l'espère vous aura déjà quelque peu éclairé. Il est désormais temps de conclure ce premier ouvrage par quelques conseils que je juge humblement utiles pour moi, mais aussi pour vous.

S'engager dans des études de droit, c'est entreprendre un voyage intellectuel et personnel exigeant, mais profondément enrichissant. Ce parcours universitaire est long, ponctué de défis, mais il représente bien plus qu'un simple apprentissage académique : il façonne votre résilience, votre esprit critique et votre capacité à relever des défis complexes.

Il est important de comprendre que le droit ne se limite pas à une seule voie professionnelle. Si le métier d'avocat est souvent perçu comme la finalité des études juridiques, il n'en est pourtant qu'une des nombreuses perspectives. Le droit vous ouvre un éventail de carrières diverses, toutes aussi stimulantes les unes que les autres. Que vous choisissiez le monde de l'entreprise, celui de la recherche ou encore des organisations publiques, votre formation juridique vous offrira des outils précieux et polyvalents.

Au-delà des cours et des examens, ce qui compte réellement, c'est la manière dont vous affronterez les obstacles sur ce chemin. Les difficultés ne doivent pas être perçues comme des freins, mais comme des opportunités de croissance. Chaque échec, chaque remise en question est une chance de progresser, de mieux se connaître et d'affiner vos compétences. C'est cette capacité à apprendre de vos erreurs qui vous distinguera et fera de vous un véritable professionnel du droit.

Ce modeste traité, conçu pour vous accompagner dans votre réussite, est une invitation à adopter une vision à long terme. Ne vous limitez pas à des objectifs immédiats ou à des comparaisons stériles. Concentrez-vous sur votre propre parcours, vos progrès, et surtout, sur le développement de vos qualités humaines autant que professionnelles. Le monde du droit est vaste, complexe et riche, tout comme le sont les opportunités qui vous attendent.

Que ce soit dans le cadre de vos études ou dans votre future carrière, souvenez-vous que le droit n'est pas une discipline figée. Il évolue, et vous évoluerez avec lui. Votre curiosité, votre rigueur et votre passion pour cette matière seront les clés de votre succès. Quelles que soient les voies que vous emprunterez, faites-le avec intégrité, détermination et une soif constante d'apprendre. En fin de compte, la réussite ne se mesure pas seulement en termes de résultats académiques ou de carrière professionnelle. Elle se trouve dans la satisfaction de savoir que vous avez donné le meilleur de vous-même, que vous avez persévéré malgré les obstacles et que vous avez grandi, tant sur le plan personnel que professionnel.

Bonne route à tous, et que ce voyage en droit vous mène bien plus loin que vous ne l'imaginez.

REMERCIEMENTS FINAUX

A Dieu l'Unique, et à l'œuvre exceptionnelle de Son Messager, Paix et Bénédictions de Dieu sur lui.

A ma mère, qui m'aura tant poussé, et dont je mesure à quel point elle avait raison et qui a tant sacrifié pour faire de moi l'homme que je suis devenu.

A mon père pour m'avoir conseillé tout petit sur l'importance des études et sur son éducation stricte mais juste, emprunt d'une liberté certaine.

A mes deux grands pères dont je porte fièrement les prénoms pour les besoins de mes productions littéraires en guise d'hommage, et pour leur sens du sacrifice et leur histoire.

A tous les étudiants qui m'ont fait confiance, qui ont réussi par la force de leur petits bras et leur intelligence brillante.

Contact

X : @BelkacemIssa

Instagram : Lebureaupro

Partenariat/conférence :

lebureaup@gmail.com

* Sachez également que Le Bureau dispense de cours de soutien en droit depuis plus de trois ans. Scannez ce QR CODE pour rejoindre le groupe Télégram :

LE BUREAU

SOURCES ET BIBLIOGRAPHIE

Bruno Patino, La civilisation du poisson rouge : Petit traité sur le marché de l'attention, Paris : Grasset, 2019.

Nassim Nicholas Taleb, Le cygne noir : La puissance de l'imprévisible, Paris : Les Belles Lettres, 2008.

Alice Dechêne , Christoph Stahl, Joachim Hansen, Michaela Wänke, The truth about the truth: A meta-analytic review of the truth effect, Personality and Social Psychology Review*, vol. 14(2), 2010, p. 238-257.

Organisation de Coopération et de Développement Économiques (OCDE), What Is the Relationship between Marks and Educational Expectations? in Grade Expectations: How Marks and Education Policies Shape Students' Ambitions, Paris : OECD Publishing, 2012.

Canadian Medical Association, "Surmonter le syndrome de l’imposteur", Carrefour Bien-être des médecins, 2023. (https://www.cma.ca/fr/carrefour-bien-etre-medecins/contenu/leadership-action-domaine-sante-surmonter-syndrome-limposteur)

Le Monde, "Ces jeunes cadres atteints du syndrome de l’imposteur", 25 octobre 2023. (https://www.lemonde.fr/campus/article/2023/10/25/ces-jeunes-cadres-atteints-du-syndrome-de-l-imposteur)

A paraître aux éditions LE BUREAU :

- **Petites critiques de mauvaises foi au sujet du CRFPA** (TOME 2) : Une suite au petit traité de réussite en droit destination des étudiants qui viendra exposer plusieurs critiques relatives à la mise en œuvre de cet examen difficile et prestigieux. - Avril *2025 – s'il plaît à Dieu.*

- **L'élite universitaire : La fabrique à esclaves (TOME 3)** : Un essai qui viendra poser des mots sur les maux affectant dramatiquement la faculté de droit dans son ensemble en mettant en exergue la baisse du niveau des étudiants, et en tentant d'apporter des éléments de solution – Septembre *2025 – s'il plaît à Dieu*

www.ingramcontent.com/pod-product-compliance
Lightning Source LLC
La Vergne TN
LVHW022028200926
848481LV00007B/2597